簡単&おしゃれBBQレシピ79

# 最強BBQ
バーベキュー

監修
たけだバーベキュー

宝島社

## はじめに

　ナイスバーベ！　どうも、たけだバーベキューです。この本を手に取ってくださって誠にありがとうございます。心から感謝を申し上げます。と同時に、ようこそ！　新たなるBBQの世界へ。

　この本を手に取ったあなたは少なからずBBQに興味があることでしょう。これからBBQを始めたい方、年に数回はやるよという方、中には僕のように毎日やっているよ！　という方もいるかもしれません。この本はそんな初心者から上級者の方までを納得させられたらという思いで作りました。

　というのも、どのレシピも非常に簡単なんです。"3ステップで作れちゃう"レシピや、"いつもの食材にプラスα"するだけのレシピ、"え、そんなものをBBQで！"というアイデアレシピも満載ですので、初心者の方でも気負いすることなく再現できると思います。

　また、レパートリーもかなり豊富にしました。前菜やスイーツなど、お子さんたちが作る工程を楽しめるものから、女性にも喜んでいただけるおしゃれレシピまで。BBQに飽きてしまったという方にも参考にしていただけるレシピがきっとこの本にあります。

　もちろん、BBQの醍醐味でもあるワイルドさ満載の肉々しい豪快なレシピも登場します。BBQはちょっとしたポイントを押さえると超簡単＆手軽にできちゃいます。まずはやってみること！　失敗しても大丈夫です。調味料を忘れた！「お隣さんに借りましょう！」焦がしたらどうするの？「BBQでは焦げも旨みです！」火が起きなかったら？「話のネタが一個増えましたねー！」ってぐらいに、肩の力を抜いて始めてみてください。大丈夫です！　この本が、そんなあなたの"最強"のパートナーになるはずです。

　さぁそれでは、レッツエンジョイバーベキュー！

たけだバーベキュー

# CONTENTS

はじめに ——————— 2

コレだけでグッと盛り上がる!!
BBQを楽しむための5ヶ条 ——— 8

いつもと違うBBQの料理を!
メニューの組み立て方 ————— 12

どこで何を買う?
食材調達Q&A ———————— 14

押さえておきたい
基本の持ち物 ———————— 15

より充実したBBQを
あると便利なアイテム ————— 16

忘れてはいけない!
持っていくべき調味料 ————— 17

　└ CHECK LIST ——————— 18

アイテム選びが重要!
火起こしの基礎 ——————— 19

　└ 火起こしの手順 —————— 20
　└ 火力について ——————— 21

休ませると旨みが増す!
かたまり肉の美味しい焼き方 —— 22

幅広い食材に応用できる!
アルミホイルの包み方(封筒包み) — 23

意外と知らない片付け
使い終わった炭はどうする? —— 24

### 1_ SPECIAL BBQ RECIPE

- ランプ肉のシュラスコ ————— 26
- スキレットローストビーフ ——— 28
- スペアリブ4種 ——————— 30
- マッシュポテトの豚肉巻き ——— 32
- ホイルdeプルドポーク ———— 33
- 鶏もも肉の北京ダック風 ——— 34
- スキレットガイヤーン ————— 36
- ラムチョップのハーブグリル —— 38
- ロブスター&ホタテの
  バジルバター焼き —————— 40
- 焼きアヒージョ ——————— 42
- 旨みたっぷりトマトパッツァ —— 43
- 焼き野菜の
  和風バーニャカウダ ————— 44
- アルミホイルカオマンガイ ——— 45
- わんぱくBBQサンド ————— 46
- 100%丸ごとスイカジュース —— 48
- バナナのベーコン巻き ———— 50

## 2 _ À LA CARTE BBQ RECIPE

- The マンモス肉 — 52
- 壺漬けカルビ 牛タンのレモンペッパーグリル — 54
- カウボーイ Tボーン ステーキ — 56
- 牛スキ焼き — 58
- ハラミ肉のカルネアサダ — 59
- 炭火焼きハンバーガー チャーシュートンポーロー — 60
- BBQサムギョプサル — 62
- どっさりねぎ塩の豚トロ焼き — 63
- ベジタブルソーセージ — 64
- 包んでポークチャップ — 66
- アスパラガスのつくね巻き — 67
- スパイシージャークチキン — 68
- チキンファヒータ — 69
- やみつきピリ辛手羽中 — 70
- カラフルBBQ串 — 72
- 串焼き4種 — 74
- かまの炭火焼き — 76
- バスク風グリルドフィッシュ — 77
- コンビニエンスアヒージョ3種 — 78
- アサリとトマトのガーリック蒸し — 80
- シトラスシュリンプ串 — 81
- 生イカの炭火焼き イカわたバターディップ — 82
- ツナ缶の缶バーベ2種 — 83
- 前菜3種 — 84
- カマンベールのチーズフォンデュ 枝豆ペペロンチーノ — 86
- 丸ごとカボチャウダー — 88
- 3種のじゃがバター — 90
- しいたけピザ — 91
- 丸ごと野菜ホイル焼き — 92
- キャベツとベーコンのブレゼ — 93
- 長ねぎのカルソターダ — 94

## 3 _ RICE & NOODLES BBQ RECIPE

- ボンゴレ焼きそば —————— 96
- 焼きそばマルゲリータ ————— 97
- 焼きおにぎり2種
  冷や飯ジャンバラヤ ————— 98
- コンビニアーノパエリア ———— 100
- カレー風味の巻き巻きドッグ - 102

## 4 _ SWEETS & DRINKS BBQ RECIPE

- 冷んやりマシュマロムース —— 104
- マシュマロピザ ——————— 105
- チョコマシュマロの
  ふんわりディップ ————— 106
- 焼きりんご&
  水きりヨーグルト ————— 107
- 炭火焼きバウムクーヘン ——— 108
- ドリンク4種 ———————— 110

# 本書の使い方

▷ **アイコンについて**

各レシピに適した調理器具を示すアイコンです。
アイコンのないものは火を使わないものと炭の周りで調理するものです。

スキレット　アルミホイル　網　鉄板

▷ **星マークについて**

各レシピの作りやすさを表しています。

★☆☆　かんたん
★★☆　ふつう
★★★　少し難しい

## その他の注意事項

▷ 小さじ1は5ml、大さじ1は15mlです。

▷ 火のついた炭はとても高温のため、
　扱うときには周りに人がいないことを確認してください。

▷ グリルは足場の良い場所に設置してください。

▷ 調理作業は安定した場所で行ってください。

▷ BBQの終わった後の炭の処理は各BBQ場の決まりに従いましょう。

# BASIS OF BBQ

## BBQの基本

BBQを始めようと思っても道具から食材まで必要なものはたくさんあります。他にも、知っていると役立つ火起こしのコツや炭の選び方などBBQの基本をご紹介。次のページから始まる基本を覚えて楽しいBBQにしましょう！

＼コレだけでグッと盛り上がる!!／

# BBQを楽しむための5ヶ条

いくつかのポイントを押さえるだけで、BBQはもっと楽しく、グッと盛り上がる。
年間約250回のバーベキューを行うたけだバーベキューならではの秘訣を紹介!

## article 1 "なのに"が大切
―― ギャップが雰囲気を演出する

たとえば紙皿と割り箸、焼肉のタレというのが"ありがち"なBBQ。でも、そこに木のカッティングボードや木製の食器が登場したり、ベビーリーフやフランスパンが出てきたり、ソースを工夫したり……。ちょっとしたことで振り幅が出て盛り上がる。BBQ"なのに"カフェみたい、BBQ"なのに"スパニッシュバルみたい、そんなギャップを感じさせる演出が大切。

## article 2 肉はかたまりで！
—— 溢れんばかりの旨みを堪能する

BBQの主役はやっぱり肉！ しかも豪快な見た目こそBBQならではの醍醐味。テンションもアガるというものだ。肉はデカい方が旨みがガツンとくるし、材料費を皆で割ればコストも抑えられる。1人じゃなかなかできないセイタクだ。ほかにも、ロブスターや殻付きのホタテやサザエなどもおすすめ。BBQならではのサプライズ食材を用意しよう。

## article 3 驚きをプラス！
――前菜、デザート、一品料理も！

エンタメ的な要素もBBQを盛り上げてくれる。メインの肉や野菜を焼いて、〆の焼きそばなんてありがちにとどまらず、いつもと違う一品メニューやオシャレな前菜、スイーツが加わるだけでインパクトは絶大。塩やこしょうも、豪快に高い位置から振るのがおすすめ。まわりにこぼれても平気なのがBBQならではだ。

## article 4 チャレンジ精神で
――BBQに失敗なし！ 思いつきとトライがBBQを楽しくする

たとえば何か調味料を忘れても、代わりにこのスパイスかけてみようとか、この食材も入れてみたら旨いんじゃない？ いろんな思いつきを取り入れたり、トライする。そんな自由さこそBBQ！ それが新しいメニューを生むことも。たとえ失敗しても、肉が少しくらい焦げても、それが思い出に残れば、BBQに失敗なし！

# article 5　フォトジェニックに
## ── ステーキにハーブを添えるだけで"いいね"の数は変わる

BBQをしたら写真を撮ってSNSにアップしたいですよね？　そのためにはいかに料理が写真映えするかもポイント。肉も切る前にドーンとカッティングボードにのせて、上にハーブを飾ってみる。ナイフで切ってピンクの断面や肉汁ジュワーを見せるのも忘れずに。これだけでみんなの反応がいつもと違ってくるはず。

◢ BASIS _ 1　メニューを考える

# いつもと違うBBQの料理を！
# メニューの組み立て方

肉・野菜・〆の焼きそば、という定番のメニューに
プラスαの前菜とデザートを加えるだけで驚きも増す。
さらにみんなで楽しめるようなメニューを加えよう！

## 1 お手軽な前菜を

火を使わない前菜を作るときは時間をかけ過ぎないことがポイント。たとえば「オレンジサラダ」（➡P85）や「生春巻き」（➡P84）をその場でみんなで作っても楽しい。家でピクルスを漬け込んでいってもいい。火起こしの時間に、みんなでワイワイ楽しみたい。

## 2 肉・野菜を焼く

火起こしが済んだら早速焼き始めるべし。肉は厚み、野菜は彩りがポイント。サシが入っている牛肉の場合、脂が炭に落ちて炎が出てうまく焼けないことがあるため、脂肪の少ない赤身肉の方が美味しく焼ける。野菜はマリネしたり丸ごと焼いたりが、BBQならではのおすすめの食べ方だ。

## 3 さらにもう一工夫

ここが腕の見せどころ。せっかくのBBQならいつもと違うチャレンジメニューを取り入れてみるといい。「コンビニエンスアヒージョ」（➡P78）や「コンビニアーノパエリア」（➡P100）のようにコンビニで買える食材だけで作ってみるのも面白い。

## 4 〆の料理

合言葉は"脱ソース焼きそば"。〆の料理でも固定概念を覆そう。焼きそばでも「ボンゴレ焼きそば」（➡P96）や「焼きそばマルゲリータ」（➡P97）といったアレンジ焼きそばに挑戦してみよう。少しアレンジしてみるだけでみんながあっと驚くはず。

## 5 スイーツ！

あるのとないのでは女性の満足度が全然違ってくるのがスイーツだ。「バウムクーヘン」（➡P108）を焼いてみたり、スイカの果実を使って100%の「スイカジュース」（➡P48）を作ったりスキレットを使った「マシュマロのディップ」（➡P106）などの普段ではできないスイーツにチャレンジしてみよう！

### メニューを決めるコツは？

まずは人数を把握すること。それによって大勢だからこそできるメニューを選んだり、少人数なら少し手間はかかっても新しいレシピにチャレンジしても……。ただし、新しいメニューを取り入れるとしても、消化不良にならないように、5つのうち2つくらいにするのがコツ。

# BASIS_2 買い出し

## どこで何を買う？
## 食材調達Q&A

メニューが決まったら、準備で一番大切なのは食材の調達だ。
かたまり肉やラム肉はどこで買うのか？ 分量の目安は？ ネットを活用すると便利？
気になるポイントをまとめて紹介します。

### Q1 かたまり肉はどこで買う？

**A** まずは近所の大型スーパーをチェック。店頭に大きなかたまり肉がなくても、精肉コーナーの人に確認すると、希望の大きさで切って出してくれることも多い。牛タン丸々1本やランプ肉など、普通のスーパーでは入手しにくい部位がほしいときは業務用のスーパーも便利だ。

### Q2 盛り上がる食材は？

**A** かたまり肉は基本として、毎日の食卓ではあまりお目にかかれない部位、たとえば、イチボとかハラミとか。野外では骨付きのラム肉も盛り上がる。魚であれば尾頭付き。あるいはサプライズとして高級食材のロブスターやアワビなどを持ち込んでも歓声が上がるはず。

### Q3 分量の目安は？

**A** 肉の量は、参加者1人に対して200gが目安。たとえば10人ならトータル2kgを目指せばいい。肉が少し足りなかったら……、と不安な場合は、焼きそばで調整するのも手。焼きそばは1人0.6玉くらいが目安だが、少し多めに買っておくのがオススメ。

### Q4 お酒はどうする？

**A** 乾杯には、海外の瓶ビールを用意すると雰囲気が出て盛り上がる。お酒は必要な量を見極めるのが難しいが足りなくなるのは避けたい。そんなときは、ウイスキーとともに、ソーダ水と氷、カットしたレモンを用意。ハイボールが作れるようにしておけばお酒の量をコントロールできる。

---

**食材選びもBBQの楽しみの1つ！**

### たけだバーベキューおすすめ！ 食材の入手先

せっかくBBQをするならいつもとはちょっと違う食材を調理してBBQを楽しみたい。そんな時に活用したいのが大型スーパー、「肉のハナマサ」などの業務系スーパー、「コストコ」などの会員制スーパー、そして「バーベキューワンダーランド」(http://bbq-wonderland.com) などのBBQに特化したインターネットのサイトだ。

# BASIS_3 持ち物 ❶

# 押さえておきたい
# 基本の持ち物

これがなくてはBBQが始まらない。
まず最初に揃えて忘れずに持っていきたい基本の持ち物がこちらだ。
その他の持ち物リスト一覧は➡P18。

## グリル

フタ付きのものなど色々な種類があるが、慣れないうちは炭のたしやすい引き出しタイプのグリルを選ぶのがおすすめ。さらに設営もしやすく、持ち運びにも便利な脚が差し込み式になっているものだとなお良い。

## 調理器具

まな板(カッティングボード)は普段使っているものでもよいが木製だと雰囲気が出る。包丁のほかに小型の(ペティ)ナイフがあると何かと重宝する。グリルで食材を焼くためのトングも忘れずに用意しよう。

① まな板
② 食材用トング
③ 包丁
④ 小型ナイフ

## 炭火まわり

着火剤はジェル状で袋入りのタイプが使いやすい。固形燃料と同じ要領で袋にそのまま火をつけられる。着火ライターはノズルの長いタイプを選ぼう。炭火用のトングもやはり長めのものを。炭の種類➡P19。

① 炭
② 着火剤
③ 軍手
④ 着火ライター
⑤ 炭火用トング

## 保冷バッグ

暑い時期のBBQだと冷たい飲み物や氷は絶対に欠かせないし、食材の保存状態も気になる。そんな時に保冷バッグ一つあればその悩みはすぐに解決できる。折りたためるものだと持ち運びにも便利なのでおすすめ。

BASIS _ 3　持ち物❷

# より充実したBBQを
# あると便利なアイテム

必須とまでは言わないが、使い勝手がよくてあると便利だったり、
それだけで雰囲気が変わる差のつくアイテムも。
お気に入りのアイテムを持っていこう。

### スキレット

鋳鉄製で黒くて無骨な見た目も雰囲気抜群。1つあるだけでレパートリーの幅も広がる。

### シェラカップ

取っ手のついたステンレス製のカップ。カップごと火にかけられ、スープやタレを入れたりと重宝する。

### ペッパーミル、ソルトミル

ミルつきの岩塩、黒こしょうを高い位置から豪快に振りかける。そんな演出が雰囲気を盛り上げてくれる。

### 木の食器、カトラリー

木製の食器やカトラリーはアウトドア感を高め、料理をより美味しく感じさせてくれる。

### 革手袋

軍手より耐熱性が高く、熱くなった網を動かすときや炭を継ぎたすときにあると便利なアイテム。

① **アルミホイル** 　包み焼き（蒸し焼き）にしたり、焼いた肉を包んでじんわり火を通したり、調理の幅を広げるためには必須のアイテム。

② **アルミトレイ** 　焼きそばが作れるだけでなく、グリルで裏返してフタとして使用すればオーブン効果で全体に火を通せる。

③ **シリコンのハケ** 　食材を焼いている最中にソースを塗ったり、グリルの網にオリーブ油を塗ったりするのに使用する。シリコン製は耐熱性が高い。

④ **ファスナーつき保存袋** 　肉をタレに漬け込むときや野菜をマリネしたり、余った食材を持ち帰るときなど活躍するシーンはたくさんある。

⑤ **スプレーボトル** 　白ワインや塩水などを入れて使う。食材を焼いている時に振りかけると乾燥を防ぎ、風味付けや味付けも簡単に行える。

## BASIS _ 3 持ち物❸

# 忘れてはいけない！
# 持っていくべき調味料

いつも「焼肉のタレ味」というのは卒業したい。
これを持っていくだけで一味違うツウな楽しみ方ができる。
自分の好きな調味料を見つけよう。

### 基本の調味料

忘れてはいけない基本がこの3つ。オリーブ油は網に塗って食材の焦げ付きを防いだりするのにも使用する。自分のお気に入りのものを持っていこう。

① オリーブ油
② 塩
③ 黒こしょう

### 押さえておきたいスパイス・ハーブ

フレッシュで持って行きたい調味料がこれら。ハーブはローズマリーやバジル、イタリアンパセリなどが重宝する。にんにくや鷹の爪の香りや刺激は食欲をそそる。

① ハーブ類
② 鷹の爪
③ にんにく
④ レモン

### おすすめの調味料

パプリカパウダーは赤い色味が食欲をそそるし、シナモンシュガーはデザートのレシピで大活躍する。チューブのニンニクやバターは使いたい分だけをすぐに使うことができるため、調理の工程を短縮できるのが嬉しい。トマトソース缶も味がすでに整えられているため加えるだけで本格的なレシピになる。

① ミルつきの塩・こしょう
② チューブバター
③ チューブにんにく
④ 岩塩
⑤ レモン汁
⑥ BBQソース
⑦ コストコのステーキシーズニング
⑧ パプリカパウダー
⑨ シナモンシュガー
⑩ トマトソース缶

## BASIS_3 持ち物 ④

# CHECK LIST

### 必ずいるもの

- ☑ BBQグリル
- ☐ テーブル
- ☐ イス
- ☐ 保冷剤
- ☐ 食材
- ☐ 調味料
- ☐ まな板
- ☐ 包丁・ナイフ
- ☐ クーラーボックス（保冷バッグ）
- ☐ 皿
- ☐ 箸・カトラリー
- ☐ コップ
- ☐ キッチンペーパー
- ☐ ウェットティッシュ
- ☐ ファスナーつき保存袋
- ☐ アルミホイル
- ☐ 洗剤・スポンジ
- ☐ ゴミ袋
- ☐ 食材用トング
- ☐ 炭火用トング
- ☐ 炭
- ☐ 着火剤
- ☐ 着火ライター
- ☐ バケツ（火消し用）
- ☐ 軍手
- ☐ タオル
- ☐ 虫よけ
- ☐ 帽子
- ☐ 雨具

### あると便利なもの

- ☑ アルミトレイ
- ☐ シェラカップ
- ☐ シリコンのハケ
- ☐ ソルト＆ペッパーミル
- ☐ キッチンばさみ
- ☐ バーナー
- ☐ 仕切りのある紙皿
- ☐ スキレット
- ☐ レジャーシート
- ☐ テーブルクロス
- ☐ 使い捨ての薄手袋
- ☐ 遊び道具（フライングディスクなど）
- ☐ マジック＆マスキングテープ（紙皿に名前を書く）
- ☐ チャコールスターター（火起こし器）
- ☐ 革手袋（耐熱性が高い）
- ☐ 折りたたみ式キャリーカート（運搬用）
- ☐ 折りたたみ式木製ラック（調味料入れなど）
- ☐ ブルートゥースのスピーカー

### ▶ 下準備は？

漬け込み系の料理は、余裕があれば前日から漬け込んでおけば味がしっかり染みるし、当日調理が簡単になる。野菜などもレシピに合わせてカットしておくとゴミを減らすことができる。

### ▶ 積み込みは？

出発前に慌てると忘れ物をしがち。持っていくものは前日にチェックして積み込んでおくといい。調味料など細かなものはひとまとめに。当日買い出しをする場合はそのスペースも必要。

BASIS _ 4　火起こし❶

# アイテム選びが重要！
# 火起こしの基礎

さあ、いよいよ火を起こそう。
コツさえ覚えれば火起こしは誰でもできる。
まずは炭と着火剤の選び方から覚えていこう。

## ▶ 選ぶべき炭はコレ！

炭の種類は大きく3種類。まず一番よく目にする炭が「マングローブ木炭」だ。火起こしが安易なので初心者にはおすすめ。ただし、燃え尽きるのも早く、火力が安定しにくい。火持ちがいいのは「成形備長炭」。形もきれいで単価も安いのでオススメだが、火起こしが少し難しいので、マングローブ木炭と組み合わせて使うのがおすすめ。最後に焼き鳥屋さんなどで見かける「備長炭」。こちらは火起こしがかなり難しいのでBBQにはおすすめできない。

### マングローブ木炭

ホームセンターなどで一番よく目にする安価な炭。火がつきやすく扱いやすいが、燃え尽きやすいため量が必要。

### 成型備長炭

「オガ炭」ともいい、通常の木炭より火がつきにくいが、火持ちはとてもいい。木炭と取り合わせて使えばいい。

## ▶ 着火剤の選び方について

着火剤にも固形のものやジェル状のものなど様々な種類がある。固形タイプは、それ自体にオイルが染み込んでいるものが多く火力が強いので、かなりの炎が上がる。そのため初心者にはおすすめだが、臭いや煙が強いので食材を焼くまで時間がかかる。ジェル状は煙や臭いも少なく、出したい所に出したい分だけ使えるので誰にでも扱える。しかし、火のついた炭に継ぎ足すと、ジェルを伝って炎が手元に戻ってくるのでかなり危険。絶対に継ぎたしはやめよう。ジェルが袋に入って、袋ごと燃やして使う着火剤もあるので、それだと安全だ。

### 固形タイプ

**メリット**
- 小分けにできる
- 火力がある
- 継ぎ足すことが可能

**デメリット**
- 煙が多い
- 臭いがある

### ジェルタイプ

**メリット**
- どんな形にも出せる
- 臭いが少ない
- 煙が少ない

**デメリット**
- 継ぎ足しができない
- 火力が弱い

僕のおすすめは、ジェル状袋入り着火剤の上にマングローブ木炭をのせ、その上に成形備長炭を積み上げて着火する方法です！

# 火起こしの手順

炎は下から上へ上へと燃え上がり、上昇気流を生み出す。
それを念頭にポイントを押さえればOK。
焦らないで丁寧な作業を心掛けよう。

## 1 着火剤は一番下に置く

炎は酸素を吸い上げ下から上へ上へと燃え上がる性質があるので、炎の元となる着火剤は一番下に置くのが鉄則。よくやりがちな間違いとして、先に炭を火床に並べてその上に着火剤を置いてしまうことがある。こうしてしまうと、炭の上部だけ燃えて、いつまでたっても炭に火がつかない。「汗だくでうちわでパタパタ」という光景の原因はたいていはここにある。また、新聞紙を着火剤にするのもやめよう。炎は上がるが、すぐに灰になるため飛び散って回りに迷惑がかかってしまう。

## 2 炭はできるだけ高く積み上げる

着火剤を一番下に置いた後は、その上にできるだけ高く炭を積み上げよう。あとは炭の隙間から着火剤にライターで火をつけるだけ。炎は下から上に燃え上がるので、高さを出すことによってその効果が増し、煙突の様な働きをするのである。写真のように成形備長炭だと形が整っているので高く積み上げやすい。上の方まで炎が上がり、炭全体が白くなり熾火の状態になったらまんべんなく炭を崩そう。マングローブ炭を下に、その上に成形備長炭を積み上げると効率よく着火ができる。

## チャコールスターターを使えばラクに火起こしができる！

BBQをやる頻度が多かったり、大勢でいくつも火を起こす必要があったりする場合などに、1つあるとすごく便利なのが「チャコールスターター」だ。底が網になったステンレス製の筒型の形状で、網の部分に着火剤を置き、その上に炭をどんどん入れ、横から着火剤にライターで火をつける。すると煙突と同じ効果が生まれ、下から酸素を吸い上げ、炎が上へ上へと上がり放っておくだけで自然に火起こしができる。種火さえ残しておけば大丈夫。

# 火力について

火起こしが済んだら、グリルの炭を整えて焼くためのゾーンを作ろう。
また火力の測り方やフタの使い方も
ここでしっかりと押さえておこう！

## ▶ 2つのゾーンを作るのがポイント

グリルを使いこなすには、炭のレイアウトが大切。やり方は簡単で、真ん中から半分に炭を置き、もう半分にはあまり置かない、2つのゾーンを作る。炭が集中している部分が強火ゾーン、炭がバラケて置かれている部分は保温・弱火ゾーンとなる。この2つのゾーンを作っておくことで、じっくり中まで火を通したい食材や焦がしたくない食材などのスペースを確保できる。

## ▶ 手のひらで火力を測る

火力を測る簡単な方法は手のひらをかざしてのテスト。炭の上15cmほどに手をかざし、「アチッ」と思わず手を離すまでをカウント。それが3秒程度なら強火。5〜7秒なら中火。10秒以上なら弱火の状態だ。

## ▶ 弱火ゾーンで間接焼きを

上記の強火ゾーンばかりでなく、弱火ゾーンも活用する。直接下に炭がなくても反対側からの遠赤外線効果でじっくり火を入れることが可能。焦がしたくないものは弱火ゾーンの上に置こう。

## ▶ フタを使えばじっくり火が通る

フタをすることでオーブン効果が生まれ、かたまり肉を焼くときにもじっくり全体に火を通すことができる。アルミ製の使い捨てトレイ（➡P16）を裏返して使えばOK。右の写真はボウルに取っ手を付けた自作のフタ。ドーム型なので熱の回り具合もよし！

## BASIS _ 5　"焼き"のポイント❶

# 休ませると旨みが増す！
# かたまり肉の美味しい焼き方

BBQの一番の醍醐味はやはり肉を焼くこと。
大きなかたまり肉を外はこんがり、中はジューシーに焼きたい。
難しそうだけど、コツさえつかめば誰でもできる。ぜひマスターしよう！

### ▶ 基本の手順

**1　肉は常温に戻しておく**

肉は運搬時には保冷しているとは思うが、焼く前にまず常温に戻す、これが基本。冷えたまま焼くと火が通りにくい。また余分な脂などはこの時にカットしておこう。

**2　強火ゾーンで表面に焦げ目をつける**

まずはじめは強火ゾーンに置いて、肉の表面にこんがりと焼き目をつける。裏側や側面を順に焼いていく。表面を焼くことで肉汁を閉じ込めるのだ。下味の塩、こしょうは焼く直前に振ろう。

**3　間接焼きでじっくり火を通す**

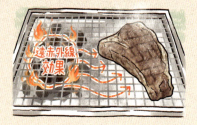

表面を焼いたら弱火ゾーン（遠火のゾーン）に移し、間接焼きでじっくりと中まで火を通す。さらにフタをかぶせることで、オーブン状態にすれば均一に火が通る。

**4　アルミで包んで休ませる**

中まで火が通ったら、アルミホイルに包んで休ませる。こうすることで中の肉汁が落ち着き、旨みが増していく。休ませる時間の目安は焼き時間の30％くらい。

### ▶ 火の通り具合の確認方法は？

レアからウェルダンまで、焼き加減は人それぞれ好みが分かれる。火の通り具合の見極めも難しいところだが、お手軽な方法として右記の「フィンガーチェック」を覚えておくといい。

#### フィンガーチェック

左手の親指とその他の指の先をつないで軽く輪を作る。そのときの親指の付け根の膨らみをツンツンとつついた感触と、焼いた肉を指もしくはトングでつついた感触を比べて判断する。

輪を作る指が親指と……

➡ **人差し指**なら＝レア
➡ **中指**なら＝ミディアムレア
➡ **薬指**なら＝ミディアム
➡ **小指**なら＝ウェルダン

CHECK!

# BASIS _ 5  "焼き"のポイント❷

## 幅広い食材に応用できる！
## アルミホイルの包み方（封筒包み）

蒸し焼きの方法を覚えれば、レパートリーはぐっと広がる。
ポイントは中の蒸気が漏れないようにしっかり密封すること。
この包み方は食材に均一に火が通すことができる。

**1　形を作るトレイを用意**

食材の空きパックなどを利用して、容器の形を作る。中に入れるものにちょうどいい大きさのトレイを用意する。

**2　アルミホイルを引き出して切る**

アルミホイルはトレイに当てて、横の長さの倍より少し長いくらいを引き出して切る。

**3　形をトレースする**

アルミホイルを、片側を余らせたまま1のトレイの上に置き、形をトレースして押し込む。

**4　食材をのせる**

容器の形状になったアルミホイルの中に、包む食材をのせ、トレイははずす。

**5　残った半分を折り重ねる**

アルミホイルの残った半分を持ち上げて折り、のせた食材にかぶせてフタをする。

**6　蒸気が漏れないように端を折り返す**

開いている3辺の端を合わせ、蒸気が漏れないように2回折り返す。

**7　完成！**

しっかり封ができたら完成。平面で熱が当たるのがこの包み方のポイント。

均一に火が通っているのでどれを食べても香ばしい味わいを楽しめる！

## BASIS_6　後片付け

# 意外と知らない片付け
# 使い終わった炭はどうする？

食べ終わった後はきちんと後片付けをしよう。
そこまできっちりやってこそBBQ。
火の後始末はもちろん、網の手入れ、ゴミの処理など、要所を押さえてしっかりやろう。

### ▶ 消火用のバケツを用意しよう

使い終わった炭の処理で絶対にやってはいけないのは、火のついた炭に直接ドバッと水をかけること。急激に温度が上がった水が水蒸気となって灰と一緒に飛び散りとても危険なので絶対に止めよう。正しい消化の仕方は、バケツなどの深い容器に水をたっぷりはり、炭を一つひとつトングでつまんで入れるやり方。冷えた炭は炭捨て場があればそこに、なければ持ち帰って可燃ゴミとして出そう。

炭は一つひとつトングでつまんで、バケツの中に入れていく。途中、水の温度が高くなったら水を交換する。水を交換する時は中の炭まで一緒に流さないように注意しよう。また水を交換するときは各BBQ場の指定の場所で行うようにしよう。

こびりつきをきれいにするには、アルミホイルを丸めて即席の金ダワシに。これでゴシゴシやれば簡単にきれいになる。

### ▶ BBQが終わったら網は焼き切ろう

焼き終わった網は肉の脂などで汚れて、放っておくと汚れがこびりついてしまう。そこで油汚れは終わってすぐ、焼いてやれば浮いてくる。そして、熱いうちにアルミホイルで擦ることできれいになる。網にこびりついた食材を落とすコツは、焼き切って炭化させて落とすこと。網にアルミホイルをかぶせて炭火でカラ焼きすると炭化してパリパリになり、簡単に落とすことができる。

---

### 後片付けをラクにする設営時のポイント

**ゴミ箱を設置する**
BBQはけっこうゴミが出るので、最後に分別したりするのは大変。最初にゴミ箱をしっかり設置しておくだけで片付けの手間が大きく違う。

**設営はみんなでやる**
ホストだけが設営せずに、設営をみんなでやる。自分で組み立てたものは自分でバラせるので、後片付けの効率もぐっと上がる。

**汚れる部分は前もってカバー**
グリルの火床の部分も脂が落ちるとドロドロになりがち。脂が落ちる部分にアルミホイルを敷いておくだけでも、汚れがつかず後片付けが楽になる。

# SPECIAL BBQ RECIPE

スペシャルBBQレシピ

本書のレシピの中でも一際目立つレシピを紹介！　このレシピを実際に作ってみれば他の人から一目置かれる存在に。BBQの醍醐味を味わえる豪快なものから驚きのあるものまで幅広いレシピを味わってみてください。

SPECIAL BBQ RECIPE _ 1

豪快なビジュアルに盛り上がり間違いなし！
# ランプ肉のシュラスコ

LEVEL ★★☆

## 材料 (4人分)

牛ランプ肉ブロック
　（イチボ、肩ロースなど
　もおすすめ）……800g
岩塩………………適量
黒こしょう………適量

[ モウリョソース ]
トマト……………1個
玉ねぎ……………½個
ピーマン…………1個
イタリアンパセリ
　（フレッシュ）……少々
白ワインビネガー
　（または酢）…大さじ1
オリーブ油……大さじ2

## 使用する道具

▶ 長めの鉄串またはサーベル※
▶ スプレーボトル
▶ ナイフ

※ サーベルはネットショップで購入することができます。また、写真ではサーベルを使用しています。

## 作り方

1　モウリョソースの材料の野菜を5mm角くらいの粗みじん切りにして、残りの材料を混ぜ合わせてソースを作る（前日に仕込んでおいてもOK）。

2　牛肉を3等分のかたまりに切って、鉄串を2〜3本刺し、岩塩、黒こしょうを振る。

3　グリルの網を取り払い、鉄串をグリルにまたがせて、回しながら表面を焼いていく。全体的に均一に塩味をつけ、また乾燥させないために、食塩水（分量外、水150mlに対し塩大さじ1）をスプレーしながら焼くとよい。

4　焼けた部分からナイフで削ぎ落とし、サーブする。

5　1をかけていただく。

### TAKEDA'S POINT

スプレーボトルに入れた塩水を、焼いている牛肉に吹きかけることで、均一に塩味をつけることができる。この一工夫でお肉がより美味しく仕上がる。

SPECIAL BBQ RECIPE _ 2

やわらかジューシーで本格的な仕上がり！

# スキレット
# ローストビーフ

LEVEL ★★☆

## 材料（4人分）

牛もも肉ブロック …………… 600g
塩 ………………… 適量
黒こしょう ……………… 適量
にんにく ……………… 1片
オリーブ油 ……… 大さじ1
ローズマリー（フレッシュ）
 ……………… 1本

[ グレービーソース ]
バター ……………… 10g
しょうゆ ………… 大さじ2
赤ワイン ………… 大さじ2

## 使用する道具

▶ バスタオル

## 作り方

1 牛肉に塩、黒こしょうを振る。

2 熱したスキレット（フライパン）にオリーブ油を入れ、スライスしたにんにく、ローズマリーを入れて香りを出す。

3 2に1を入れ、肉全体の表面を順番に焼き目がつくまで焼いていく。

4 焼き目がついたらスキレットをグリルからおろし、フタをしたらバスタオルを下に敷き、四方から包む。30分放置してじっくり中まで熱を通す。

5 スキレットから牛肉を取り出して食べやすい大きさに切る。

6 スキレットに残った肉汁にグレービーソースの材料を加えてソースを作り、5に回しかける。

### TAKEDA'S POINT

バスタオルで包んで保温することで、熱が逃げずに長時間の低温調理ができて、しっとりやわらかな仕上がりに。

A

B

SPECIAL BBQ RECIPE _3,4,5,6

4種のソースが旨し！ 骨のキワまでしゃぶりたい
# スペアリブ4種

LEVEL

## 使用する道具
▶ ハケ

## スペアリブのトマト煮込み（A）

材料（2人分）
- スペアリブ……………4本
- 塩………………………適量
- 黒こしょう……………適量
- 玉ねぎ…………………¼個
- トマトソース缶※………1缶
- にんにく（チューブ）…小さじ2
- コンソメの素（顆粒）…小さじ1
- パセリ…………………少々

※すでに味が整えられているので調理時間が短くなる。（➡P17）

作り方

**1** スペアリブに塩、黒こしょうを振る。玉ねぎは幅1cmくらいの細切りにする。

**2** トマト缶ににんにくとコンソメを混ぜ合わせる。

**3** アルミホイルに**1**をのせて、**2**をかけて包み、約20分蒸し焼きにする。

**4** アルミホイルを開いて、刻んだパセリを振る。

# タンドリースペアリブ（B）
# BBQスペアリブ（C）
# 和風スペアリブ（D）

**共通材料**（各2人分）
- スペアリブ……………12本
- 塩………………………適量
- 黒こしょう……………適量

**B [ タンドリーソース ]**
- ヨーグルト……大さじ2
- カレー粉………小さじ2
- はちみつ………大さじ1
- トマトケチャップ…大さじ1

**C [ BBQソース ]**
- トマトケチャップ…大さじ3
- ウスターソース
  ………………大さじ2
- はちみつ………大さじ2
- フレンチマスタード…大さじ1

**D [ 和風ソース ]**
- しょうゆ………大さじ2
- 酒………………大さじ2
- みりん…………大さじ2
- みそ……………大さじ1
- はちみつ………大さじ1

**作り方**

1. B、C、Dの材料をそれぞれ混ぜ合わせて各ソースを作る。
2. スペアリブに塩、黒こしょうを振りしっかり焼き目をつける。
3. 最後に、1で作った各ソースをスペアリブにハケで塗りながら中までしっかりと火を通す。ソースを塗る作業を2、3回繰り返す。

### TAKEDA'S POINT

最初にソースを塗ってしまうと焦げてしまうので、肉に火が通ってから塗ろう。

SPECIAL BBQ RECIPE _7

**ベーコンとチーズの塩気がマッシュポテトと相性バツグン**

# マッシュポテトの豚肉巻き

### 材料（4人分）
マッシュポテトの素（粉末）
　　　……………… 1袋（50g）
豚バラ薄切り肉
　　……… 6枚（長さ10cm程度）
ベーコン ………………… 40g
ピザ用チーズ ……… 大さじ3
牛乳 …………………… 200㎖
マヨネーズ ………… 大さじ2
BBQソース …………… 適量
塩 ………………………… 少々
黒こしょう ……………… 少々

### 使用する道具
▶ ハケ

### 作り方

1. マッシュポテトの素に牛乳を加えてマッシュポテトを作る。

2. 1に塩、黒こしょうを振って、マヨネーズと細かく切ったベーコン、チーズを混ぜる。

3. 2を塩、黒こしょうを振った豚肉で包み（大きいサイズでも、コロッとしたサイズでもよい）、ときどき転がしながら焼いていく。

4. 3に火が通ったら、ハケでBBQソースを塗る。

SPECIAL BBQ RECIPE _8

スパイスの効いた豚肉とパンが絶妙にマッチ！
# ホイル de プルドポーク

LEVEL ★★☆

材料（4人分）

豚肩ロース肉ブロック … 400g
BBQソース ………… 大さじ6
フレンチマスタード … 大さじ2
ホットドッグ用のパン
　（もしくはバンズ）…… 4本
レタス ………………… 適量
[ スパイス ]
　砂糖 ……………… 大さじ1
　パプリカパウダー … 小さじ1
　オレガノ ………… 小さじ1
　塩 …………………… 少々
　黒こしょう ………… 少々

作り方

1　スパイスの材料を混ぜ合わせ、豚肉にまぶす。

2　1にフレンチマスタード、BBQソースの半量（大さじ3）を塗る。

3　2をアルミホイルで包んで40分ほど蒸し焼きにする。

4　焼き上がった豚肉を冷ましてから手で細かくほぐし、残りのBBQソースと混ぜ合わせる。

5　パンにレタスと4を乗せ、サンドしていただく。

SPECIAL BBQ RECIPE _ 9

てりてり甘辛チキンを包んで食べて！
# 鶏もも肉の北京ダック風

LEVEL ★☆☆

## 材料（2人分）

鶏もも肉 ……… 1枚（400g）
餃子の皮
　（またはサンドイッチ用のパン）
　……………………… 適量
レタス ………………… 適量
かいわれ ……………… 適量
にんじん ……………… 適量
テンメンジャン ……… 適量

［タレ］
テンメンジャン
　………………… 大さじ1
ごま油 ………… 大さじ1
はちみつ ……… 大さじ2
しょうゆ ……… 大さじ2

## 使用する道具

▶ ファスナーつき保存袋

## 作り方

1. 鶏肉に、フォークで穴をあけて味がしみ込みやすいようにする。肉の厚い部分には包丁で切れ目を入れて火が通りやすいようにする。

2. 保存袋にタレの材料を入れて混ぜ合わせ、1の鶏肉を入れて30分以上漬け込む。

3. レタス、にんじん、かいわれはそれぞれ食べやすい大きさに切る。

4. 2を焼き、食べやすい大きさに切る。餃子の皮もパリパリになるようにさっとあぶる。

5. あぶった餃子の皮（またはサンドイッチ用のパン）に鶏肉と野菜をのせて、テンメンジャンをつけていただく。

### TAKEDA'S POINT

あぶった餃子の皮がいつもの北京ダックと異なる食感に。タレや具材などをアレンジして自分好みの味を見つけてみよう。

SPECIAL BBQ RECIPE _ 10

### ナンプラーの香りが食欲をそそるタイ風焼き鳥
# スキレット ガイヤーン

## 材料（2人分）

鶏もも肉 ………… 1枚（400g）
パプリカ（黄） ………… ½個
ミニトマト ………… 4個
グリーンアスパラガス … 2本
オリーブ油 ………… 大さじ1

[ タレ ]
ナンプラー ………… 大さじ2
オイスターソース ………… 大さじ1
にんにく（チューブ） ………… 大さじ1
はちみつ ………… 大さじ1
酒 ………… 大さじ1
黒こしょう ………… 少々
レモン汁 ………… ½個分

## 使用する道具

▶ ファスナーつき保存袋

## 作り方

1. 保存袋にタレの材料を入れて混ぜ合わせる。

2. 鶏肉に、フォークで穴をあけて味がしみ込みやすいようにする。肉の厚い部分には包丁で切れ目を入れて火が通りやすいようにする。そして1に入れて20分ほど漬け込む。

3. パプリカは細切り、アスパラガスは4等分の長さに切る。

4. あらかじめ熱しておいたスキレットにオリーブ油をひき、2を皮面から焼く。焦げ目がついたら裏返して1をかけながら焼いていく。

5. 鶏肉に焼き目がついたら、3の野菜とミニトマトを入れて、フタをして約20分蒸し焼きにする。

6. 焼き上がりを食べやすい大きさに切って、野菜とともに盛り付ければ完成。

### TAKEDA'S POINT

鶏もも肉は調味液と一緒に保存袋に入れてよく揉み込む。20分は漬け込みたいのでこの作業を最初にやっておくべし。

SPECIAL BBQ RECIPE _ 11

酸味のあるマスタードソースが
ラムの美味しさを引き立てる

# ラムチョップの
# ハーブグリル
（マスタードソースがけ）

## 材料（2人分）

| ラムチョップ ……… 4本 | [ マスタードソース ] |
| 塩 ………………… 少々 | 粒マスタード |
| 黒こしょう ………… 少々 |  ………… 大さじ1 |
| オリーブ油 …… 大さじ3 | はちみつ …… 大さじ1 |
| にんにく（チューブ） | バルサミコ酢 |
|  ………… 大さじ1 |  ………… 小さじ2 |
| ローズマリー | バター（チューブ） |
| （フレッシュ）…… 1本 |  ………… 大さじ½ |
| タイム（フレッシュ）… 1本 | |

## 使用する道具

▶ ファスナーつき保存袋

## 作り方

1　マスタードソースの材料を混ぜ合わせる。

2　ラムチョップに、塩、黒こしょうを振る。

3　保存袋にオリーブ油、にんにく、ローズマリーとタイムを入れ、そこに**2**のラムチョップを入れて30分ほど漬け込む。

4　**3**を焦げないように注意しながら焼き、最後に**1**を回しかける。

SPECIAL BBQ RECIPE _ 12

バジルバターがコクと風味をプラス！
# ロブスター＆ホタテの
# バジルバター焼き

LEVEL ★★☆

## 材料（2人分）

ロブスター ……………… 1尾
殻つきホタテ …………… 4個
[ バジルバター ]
　バター（チューブ）…… 大さじ4
　バジル（みじん切り）…… 8枚
　にんにく（チューブ）… 大さじ2

## 使用する道具

▶ ボウル
▶ ナイフ

## 作り方

1　バジルバターの材料をボウルに入れて混ぜ合わせる。

2　ホタテは隙間からナイフを入れて、最初に殻と身を切り離して焼く。殻は捨てずにフタとして使うのでとっておく。

3　ホタテは2のフタをかぶせて蒸し焼きにする。片面が焼けたら裏返して、反対の面も焼いていく。焼き上がったら仕上げに1をのせる。

4　ロブスターは背中側を割って焼く。焼き上がったら仕上げに1をのせる。

### TAKEDA'S POINT

細かく刻んだバジルとチューブのバターとにんにくを混ぜるだけで簡単に作れるバジルバターは魚介との相性も抜群！

SPECIAL BBQ RECIPE _ 13

エビの旨みを余すことなくいただく！
# 焼きアヒージョ

## 材料（4人分）
殻つきエビ……………8尾
マッシュルーム…………8個
鷹の爪………………2本
オリーブ油…………大さじ5
にんにく（チューブ）…大さじ1
塩………………ひとつまみ
バゲット………………適量

## 使用する道具
▶ ファスナーつき保存袋

## 作り方

1　マッシュルームは半分に切り、鷹の爪は種を出して輪切りにする。エビは切れ目を入れて、背ワタを取る。

2　保存袋に**1**と、オリーブ油、にんにく、塩を入れてよく揉み込む。

3　**2**とバゲットが焦げないように気をつけながら焼く。

4　バゲットに焼けたエビ、マッシュルームをのせていただく。

SPECIAL BBQ RECIPE _ 14

トマト缶と野菜、魚介の旨みが絶妙にミックス！
# 旨みたっぷりトマトパッツァ

LEVEL ★☆☆

### 材料（4人分）
- 切り身魚（白身、鮭など）………………… 2切れ
- ベビーホタテ ……………… 8個
- 玉ねぎ …………………… ½個
- パプリカ（黄）…………… ½個
- ズッキーニ ……………… 1本
- トマトソース缶 ………… 2缶
- 黒こしょう ……………… 少々
- バゲット ………………… 適量
- パセリ …………………… 適量

### 使用する道具
▶ アルミトレイ

### 作り方
1. 玉ねぎ、パプリカは1cm幅くらいの細切りに、ズッキーニは半月切りにする。
2. アルミトレイにトマト缶を流し込む。
3. **2**に切り身魚とベビーホタテ、**1**の野菜を並べ、アルミホイルでフタをして、網の上で約20分蒸し焼きにする。
4. 充分に火が通ったら、黒こしょう、刻んだパセリを振って完成。焼いたバゲットとともにいただく。

SPECIAL BBQ RECIPE _ 15

### BBQ バーニャカウダで女子ウケもばっちり！
# 焼き野菜の 和風バーニャカウダ

LEVEL ★☆☆

材料（4人分）
エリンギ……………………2本
パプリカ（赤、黄）……各½個
グリーンアスパラガス……2本
ヤングコーン………………4本
[ 和風バーニャカウダソース ]
　マヨネーズ…………大さじ4
　みそ…………………大さじ1
　アンチョビペースト
　　　………………小さじ1

使用する道具
▶耐熱容器（シェラカップなど）

作り方

**1** 耐熱容器に和風バーニャカウダソースの材料を混ぜ合わせて、加熱する。

**2** ヤングコーン以外の野菜はそれぞれディップしやすい大きさに切る。

**3** 2とヤングコーンを焼いて、1につけていただく。

SPECIAL BBQ RECIPE _ 16

鶏の旨みを閉じ込めたご飯がたまらない！
# アルミホイルカオマンガイ

## 材料（2人分）
鶏もも肉……………………½枚
米………………………………1合
水………………………………150㎖
鶏がらスープの素（顆粒）…小さじ2
パクチー………………………適量
きゅうり………………………¼本
ミニトマト……………………2個
塩………………………………少々
黒こしょう……………………少々
[タレ]
　しょうゆ…………………大さじ2
　穀物酢……………………大さじ2
　しょうが（チューブ）
　　……………………………小さじ2
　ごま油……………………小さじ2

## 作り方
1　鶏肉は食べやすい大きさに切り、塩、黒こしょうを振る。

2　アルミホイルに米を入れ、水に溶いた鶏がらスープを回しかける。その上に**1**をのせて包む。

3　**2**を約20分蒸し焼きにする。

4　タレの材料を混ぜ合わせる。

5　蒸し上がった**3**にミニトマト、パクチー、斜め薄切りにしたきゅうりを添え、**4**のたれを回しかける。

SPECIAL BBQ RECIPE _ 17

炭火で焼いたステーキを
豪快にサンドした一品

# わんぱく
# BBQサンド

LEVEL

## 材料（2人分）

| | |
|---|---|
| 牛ステーキ肉 ……… 1枚 | にんじん ………… ½本 |
| 塩 ………………… 少々 | レタス …………… 4枚 |
| 黒こしょう ……… 少々 | パプリカ（黄）…… ½個 |
| ステーキソース ……………… 小さじ1 | 水菜 ……………… ½束 |
| | マヨネーズ …… 大さじ1 |
| 食パン（6枚切り） ……………… 2枚 | マスタード …… 大さじ1 |

## 使用する道具

▶ ワックスペーパー
▶ テープ

## 作り方

**1** 牛肉に塩、黒こしょうを振って焼く。

**2** 食パンにマヨネーズ、マスタードを塗り、食べやすい大きさに切った野菜、**1**をのせてステーキソースをかけて、さらに野菜と食パンではさむ。

**3** **2**をワックスペーパーできつく包み、テープで留める。

**4** **3**を半分に切る。

SPECIAL BBQ RECIPE _ 18

みんなでワイワイ 親子でも楽しめる！
# 100％丸ごと スイカジュース

LEVEL ★★★

## 材料

スイカ ………………… 1玉
ロックアイス ………… 適量

## 使用する道具

▶ ペットボトル（500㎖）
▶ ザル
▶ ナイフやスプーン
▶ ファスナーつき保存袋

## 作り方

**1** スイカの上部を切り落とす（後でフタとして利用する）。

**2** **1**の果肉を大きめのスプーンでくりぬき、保存袋に入れる。

**3** **2**の保存袋をかたまりが残らないよう手で揉みほぐし、果汁にする。

**4** ペットボトルの上から4㎝あたりをハサミで切り落とす（ジュースを注ぐ蛇口として利用する）。

**5** スイカの側面（上から4㎝くらい）に蛇口用の穴をくりぬき、内側から**4**のペットボトルを差し込んで蛇口を作る。ペットボトルのキャップを締める。

**6** スイカにザルをのせて、**3**を流し込んで果汁をこす。

**7** 氷を入れ、**1**のフタをして冷やす。ペットボトルの蛇口を開けて注ぐ。

※ **6**でザルに残ったスイカは再度揉みほぐして利用できる。

SPECIAL BBQ RECIPE _ 19

しょっぱトロ甘～い！　不思議な組み合わせ

# バナナのベーコン巻き

## 材料（4人分）
- バナナ……………………2本
- ベーコン…………………8枚
- オリーブ油…………大さじ1
- 塩……………………………少々
- 黒こしょう………………少々

## 使用する道具
▶ つまようじ（4本）

## 作り方

**1** 皮をむいたバナナにベーコンを巻きつけ、両端をつまようじで留める。

**2** オリーブ油を1の表面に塗り、塩、黒こしょうを振って焼く。

**3** 皿に盛ってつまようじを外す。

# À LA CARTE BBQ RECIPE

一品BBQレシピ

お肉からシーフード、野菜まで幅広いBBQレシピをご紹介。食材を丸ごと焼くBBQだからこそ味わうことのできるレシピも多数掲載しているので、BBQが初めてのあなたもぜひチャレンジしてみてください。

À LA CARTE BBQ RECIPE _ 1

漫画に登場しそう！

# The マンモス肉

LEVEL ★★☆

## 材料（4人分）

牛バラ薄切り肉 …… 600g
ゴボウ ……………… ½本
焼肉のタレ ……… 大さじ6

## 作り方

1　牛肉を焼肉のタレに漬け込む。

2　ゴボウの皮を丸めたアルミホイルでこそぎ取る。1の牛肉を塊肉になるようにゴボウに巻きつける。

3　全体をアルミホイルで3重に包み、たまに転がしながら約40分蒸し焼きにする。

### TAKEDA'S POINT

薄切りのバラ肉でも何重にも巻きつけることによって、ボリュームのあるメインディッシュに大変身！

À LA CARTE BBQ RECIPE _ 2

## 壺から取り出す演出が期待を高める！
# 壺漬けカルビ

LEVEL ★☆☆

### 材料（2人分）
骨つき牛カルビ肉 …… 200g
[ タレ ]
　焼肉のタレ ………… 200ml
　ごま油 …………… 大さじ1
　しょうが（チューブ）… 小さじ2
　にんにく（チューブ）… 小さじ2

### 使用する道具
▶ 漬物壺
▶ キッチンバサミ

### 作り方
1. 牛肉の骨まわりの部分に包丁で切り込みを入れる。
2. タレの材料を混ぜ合わせて、カルビと一緒に最低でも30分壺に漬ける。前日から漬け込むのがベスト。
3. 焦げないように網でじっくりと焼く。たまにタレに漬け、再び焼く。
4. 食べやすい大きさにハサミで切っていただく。

**TAKEDA'S POINT**

骨つきのカルビは焼く前に骨まわりの部分に切れ目を入れておくと肉が骨から外れやすくなるので切り込みを忘れずに！

---

À LA CARTE BBQ RECIPE _ 3

## レモンとペッパーがきいて何枚でも食べられる！
# 牛タンのレモンペッパーグリル

LEVEL ★☆☆

### 材料（2人分）
牛タン ………………… 6枚
オリーブ油 ………… 大さじ4
粗びき黒こしょう ……… 少々
レモン ………………… ½個
塩 ……………………… 少々

### 使用する道具
▶ ファスナーつき保存袋

### 作り方
1. 牛タンを保存袋に入れ、オリーブ油、粗びき黒こしょう、細かく切ったレモン、塩を加えて揉み込む。
2. 肉が焦げないように気をつけながら焼く。

À LA CARTE BBQ RECIPE _ 4

レモン味が爽やかで
脂身まで旨い！

# カウボーイ
# Tボーン
# ステーキ

LEVEL

## 材料（4人分）

牛肉（Tボーンステーキ） ……… 600g
無塩バター …………………… 20g
レモン ………………………… 1個
オリーブ油 …………………… 大さじ2
パプリカパウダー …………… 小さじ1
にんにく ……………………… 1片
塩 ……………………………… 少々
黒こしょう …………………… 少々

## 作り方

1 レモンを縦半分に切り、さらに細かいいちょう切りにする。

2 残り半分のレモンは2等分に切る。

3 牛肉にオリーブ油をかけて塗り込み、塩、黒こしょう、パプリカパウダーを振ってすり込む。2のレモン½個を絞る。

4 スキレット（フライパン）を熱してバター半量（10g）を溶かし、みじん切りにしたにんにくを入れて香りを出す。牛肉を入れて強火で両面に焼き目をつける。

5 2のレモン½個をさらに搾り、弱火で中まで火を通す。

6 仕上げに残りのバター、1のレモンを飾って完成。

À LA CARTE BBQ RECIPE _ 5

オープンエアですき焼き！ プチ贅沢感がうれしい
# 牛スキ焼き

LEVEL

## 材料（2人分）
牛薄切り肉……………100g
長ねぎ…………………1/4本
焼き豆腐………………1丁
糸こんにゃく…………1袋
春菊……………………1束
卵………………………2個
牛脂……………1ブロック
[ 割り下 ]
　酒………………… 100mℓ
　みりん…………… 100mℓ
　しょうゆ………… 100mℓ
　砂糖……………… 大さじ2

## 作り方

1　割り下の材料を混ぜ合わせる。

2　長ねぎ、焼き豆腐、春菊、糸こんにゃくを食べやすい大きさに切る。

3　スキレットを熱して牛脂を塗り、長ねぎ、豆腐を入れ、軽く焦げ目がついたら1を入れる。

4　ぐつぐつしてきたら肉と春菊、糸こんにゃくも入れて火が通ったら完成。溶き卵につけていただく。

À LA CARTE BBQ RECIPE _ 6

### メキシコの定番料理をBBQで味わおう！
# ハラミ肉のカルネアサダ

LEVEL ★☆☆

材料（4人分）
牛ハラミ肉……………300g
トマト………………… 1個
アボカド……………… 1個
ししとう……………… 6本
[ マリネ液 ]
　ライム（果汁）……… ½個分
　塩………………………少々
　黒こしょう……………少々
　オリーブ油……… 大さじ4
　パクチー（みじん切り）
　　………………………1本分
　にんにく（チューブ）…小さじ2

使用する道具
▶ ファスナーつき保存袋

作り方

1　マリネ液の材料を混ぜ合わせる。

2　保存袋を使い1の⅔の量を入れ、牛肉を漬け込む。最低30分、できれば前日から漬け込むのが望ましい。

3　2を焼いて食べやすい大きさにカットし、残りの⅓のマリネ液をかける。ざく切りしたトマトやアボカド、焼いたししとうを一緒に盛り付ける。

À LA CARTE BBQ RECIPE _ 7

## めっちゃ肉々しい直球の旨さ！
# 炭火焼きハンバーガー

LEVEL ★☆☆

### 材料（2人分）
牛ひき肉 …………… 400g
塩 …………………… 少々
黒こしょう ………… 少々
ナツメグパウダー …… 少々
バンズ ……………… 2個
レタス ……………… 4枚
トマト ……………… ½個
チーズ ……………… 2枚
トマトケチャップ …… 大さじ2
マスタード ………… 大さじ2

### 作り方

1. パックに入ったままの牛ひき肉に塩、黒こしょう、ナツメグを振って、こねずに形を整える。オリーブ油をひいたスキレット（フライパン）または鉄板で火が通るまでよく焼く。

2. レタスは挟みやすい大きさにちぎり、トマトは輪切りにする。

3. バンズを軽くあぶり、1、2、チーズをのせ、ケチャップ、マスタードを塗って挟む。

> **TAKEDA'S POINT**
> ひき肉をこねずに焼くことで肉の食感がダイレクトに伝わる！手も汚れないし、調理も楽チンなのが嬉しい。

---

À LA CARTE BBQ RECIPE _ 8

## やわらかく煮込まれた三枚肉がジューシー
# チャーシュートンポーロー

LEVEL ★★☆

### 材料（4人分）
豚バラ肉（ブロック）…… 400g
長ねぎ ……………… ½本
サンチュ …………… 4枚
パン ………………… 4個
からし ……………… 適量
[タレ]
　酒 ………………… 大さじ2
　しょうゆ ………… 大さじ2
　しょうが（チューブ）… 小さじ1
　にんにく（チューブ）… 小さじ1
　砂糖 ……………… 大さじ1
　八角 ……………… 2個
　和風だしの素（顆粒）
　　………………… 小さじ1
　水 ………………… 大さじ1

### 作り方

1. タレの材料を混ぜ合わせる。

2. 豚肉はフォークで刺して味がしみ込みやすいようにする。

3. アルミホイルを広げ、1、2、食べやすい大きさに切った長ねぎを入れて包む。30分ほど蒸し焼きにする。

4. 3をアルミホイルから取り出して豚肉を食べやすい大きさに切り、サンチュと長ねぎと一緒にパンにサンドする。お好みでからしをつけていただく。

À LA CARTE BBQ RECIPE _ 9

## 青空の下でみんなで包もう
# BBQサムギョプサル

LEVEL ★★☆

### 材料（4人分）
豚バラ（厚切り）肉 ……… 4枚
にんにく ………………… 4片
しめじ …………… 1パック
エリンギ ………… 1パック
キムチ …………………… 100g
ごま油 ……………… 大さじ1
サムジャン（またはコチュジャン）
　　　……………………… 適量
サンチュ ………………… 12枚
大葉 ……………………… 適量

### 使用する道具
▶ キッチンバサミ

### 作り方

**1** アルミホイルで器を3つ成型し、それぞれに薄く切ったにんにく、食べやすい大きさに切ったしめじとエリンギ、キムチを入れて焼く。きのこ類はごま油をかけて焼く。

**2** 網で豚肉をこんがりと焼き、食べやすい大きさにハサミで切る。

**3** サンチュに1、大葉などの野菜をのせて、サムジャンをつけていただく。

À LA CARTE BBQ RECIPE _ 10

豚トロとねぎ塩の組み合わせが絶妙！
# どっさりねぎ塩の豚トロ焼き

材料 (2人分)
豚トロ……………………200g
塩…………………………適量
[ ねぎ塩ソース ]
　長ねぎ(みじん切り)
　　　………………½本分
　塩………………ひとつまみ
　ごま油……………大さじ4
　中華調味料………小さじ1
　みりん……………小さじ2

作り方

1　ねぎ塩ソースの材料を混ぜ合わせてソースを作る。

2　豚トロに塩を振って焼く。

3　1をのせていただく。

À LA CARTE BBQ RECIPE _ 11

酸味のきいた
野菜のソースが暑い日にぴったり！

# ベジタブルソーセージ

LEVEL ★☆☆

## 材料（4人分）

| | |
|---|---|
| ソーセージ……………8本 | [ ベジタブルソース ] |
| 水菜………………1束 | トマト…………1個 |
| | 玉ねぎ…………½個 |
| | ピーマン………1個 |
| | イタリアンパセリ |
| | （フレッシュ）…1本 |
| | 白ワインビネガー |
| | …………小さじ2 |
| | オリーブ油……大さじ4 |
| | 塩………ひとつまみ |
| | 黒こしょう………少々 |

## 作り方

1 ベジタブルソースの材料のトマト、玉ねぎ、ピーマン、イタリアンパセリを5mm角くらいの粗みじん切りにし、他の材料と混ぜ合わせてソースを作る。（前日に仕込んでおいてもよい）

2 ソーセージを焼いて食べやすい大きさに切る。水菜は5cmくらいに切る。

3 皿に水菜を並べた上に、ソーセージを盛り付け、1をかけて完成。

À LA CARTE BBQ RECIPE _ 12

**コクのある赤ワインソースが大人味!**
# 包んでポークチャップ

LEVEL ★☆☆

## 材料(2人分)
豚ロース薄切り肉
　………………2枚(200g)
塩………………………少々
黒こしょう……………少々
玉ねぎ…………………½個
マッシュルーム………4個
イタリアンパセリ(フレッシュ)
　………………………適量

[ トマトソース ]
　トマトケチャップ…大さじ4
　にんにく(チューブ)
　………………………小さじ1
　ウスターソース……大さじ2
　赤ワイン……………大さじ2

## 作り方

1. 玉ねぎ、マッシュルームをスライスし、豚肉は脂の部分に切り目を入れる。

2. トマトソースの材料を混ぜ合わせる。

3. 塩、こしょうをした豚肉をアルミホイルにのせて、1の野菜を並べて、ソースを回しかける。

4. アルミホイルで包んで約15分蒸し焼きにする。イタリアンパセリを散らして完成。

À LA CARTE BBQ RECIPE _ 13

ジューシーなつくねとアスパラの組み合わせが◎
# アスパラガスのつくね巻き

LEVEL ★★☆

### 材料（4人分）
グリーンアスパラガス …… 4本
豚ひき肉 ……………… 300g
卵 ………………………… 1個
しょうが(チューブ) … 小さじ1
しょうゆ ……………… 大さじ1
[ タレ ]
　酒 …………………… 大さじ1
　しょうゆ …………… 大さじ1
　みりん ……………… 大さじ1
　はちみつ …………… 大さじ1

### 使用する道具
▶ ハケ

### 作り方

1　豚ひき肉に卵、しょうがとしょうゆを混ぜ合わせる。

2　1をアスパラガスの周りに巻きつける。

3　タレの材料を混ぜ合わせて、2にハケで塗りながら焼き上げる。

À LA CARTE BBQ RECIPE _ 14

骨つき鶏もも肉をスパイシーに！
# スパイシージャークチキン

LEVEL ★★☆

## 材料（2人分）
骨つき鶏もも肉･･････････1本
オリーブ油･････････大さじ2
にんにく（チューブ）･･･大さじ1
ライム････････････････¼個
[ スパイス ]
　チリペッパー･･････小さじ½
　クミン･･････････････小さじ1
　オレガノ････････････小さじ1
　黒こしょう････････小さじ1
　塩･････････････････小さじ1
　パプリカパウダー･･･小さじ2

## 作り方

1. スパイスの材料を混ぜ合わせる。
2. 鶏肉の分厚い部分に切れ目を入れて火を通りやすくする。
3. 2にオリーブ油がなじむように全体に回しかけ、にんにく、1をまぶして焼く。
4. ライムを3に搾りかけて完成。

À LA CARTE BBQ RECIPE _ 15

### 見た目も香りもメキシカーンな一皿
# チキンファヒータ

**材料（2人分）**
鶏もも肉……………1枚(400g)
パプリカ（赤、黄）……各½個
玉ねぎ…………………½個
タコシーズニングスパイス
　（市販）……………大さじ1
オリーブ油……………大さじ2
にんにく（チューブ）…小さじ1

**使用する道具**
▶ ファスナーつき保存袋

**作り方**

1　鶏肉、パプリカ、玉ねぎはそれぞれ食べやすい大きさに切る。

2　1を保存袋に入れてオリーブ油をまぶし、タコシーズニングとにんにくを揉み込んで焼く。

À LA CARTE BBQ RECIPE _ 16

あとをひく絶妙な辛さに
手が止まらない！

# やみつき
# ピリ辛手羽中

LEVEL ★☆☆

## 材料（4人分）

| 鶏手羽中 | 20本 |
|---|---|
| 塩 | 少々 |
| 黒こしょう | 少々 |
| 白ごま | 適量 |

[タレ]

| しょうゆ | 大さじ2 |
|---|---|
| 酒 | 大さじ2 |
| はちみつ | 大さじ2 |
| にんにく（チューブ） | 小さじ1 |
| しょうが（チューブ） | 小さじ1 |
| 刻み赤唐辛子 | 4本分 |

## 使用する道具

▶ 耐熱容器（シェラカップなど）

## 作り方

1. 手羽中に塩、黒こしょうをして焼く。

2. 耐熱容器にタレの材料を入れて混ぜ合わせ、加熱してタレを作る。

3. 1に2をかけてよく絡めて、白ごまを振る。

À LA CARTE BBQ RECIPE _ 17

**炭火焼きの醍醐味
BBQ串はフォトジェニックに！**

# カラフル
# BBQ串

LEVEL ★☆☆

## 材料（4人分）

| | |
|---|---|
| 鶏もも肉……1枚(400g) | ミニトマト…………4個 |
| パプリカ(赤、黄)………各½個 | 塩………………少々 |
| とうもろこし………½本 | 黒こしょう………少々 |
| ズッキーニ…………½本 | ナツメグパウダー…少々 |
| 玉ねぎ(紫)…………½個 | オリーブ油……大さじ2 |

## 使用する道具

▶ 串

## 作り方

1　鶏肉とパプリカをひと口サイズの大きさに切る。とうもろこしとズッキーニは輪切りに、玉ねぎはひと口サイズのくし形に切る。

2　1とミニトマトを色どりよく串に刺す。

3　オリーブオイルを塗り、塩、黒こしょう、ナツメグパウダーを振ってから焼く。

À LA CARTE BBQ RECIPE _ 18,19,20,21

個性溢れる串焼きでパーティー感満載！

# 串焼き4種

## 使用する道具
▶ 竹串、つまようじ

## ミニトマト＆モッツァレラ串（A）

材料（4人分）
ミニトマト……………8個
モッツァレラチーズ
　（ひと口サイズ）………8個
オリーブ油…………小さじ1
塩………………………少々

作り方
1　ミニトマト、モッツァレラチーズを交互に串に刺す。
2　1にオリーブ油を塗り、塩を振って焼く。

## 厚切りベーコン串（B）

材料（4人分）
厚切りベーコン…………200g

作り方
1　厚切りベーコンをひと口サイズに切って4個を串に刺す。
2　1を焼く。

## ブラジリアン牛串（C）

材料（4人分）
牛ステーキ肉…………200g
カットパイン……………8個
塩………………………少々
黒こしょう……………少々

作り方
1　ひと口大に切った牛肉とパインを交互に串に刺す。
2　1に塩、黒こしょうを振って、焼く。

## キューピッド串焼き（D）

材料（4人分）
ソーセージ……………4本
ミニトマト（縦長のもの）
………………………4個

作り方
1　ソーセージとミニトマトはそれぞれ斜めに切る。このとき2つの大きさが同じになるようにするのがポイント。断面がハート形になるように合わせて、つまようじで留める。
2　1を焼く。

À LA CARTE BBQ RECIPE _ 22

**シンプルな味付けがかまの旨みを引き出す**

# かまの炭火焼き

LEVEL ★☆☆

### 材料（4人分）

ブリかま ‥‥‥ 1パック（200g）
鮭かま ‥‥‥‥ 1パック（200g）
塩 ‥‥‥‥‥‥‥‥‥‥‥‥ 少々
黒こしょう ‥‥‥‥‥‥‥ 少々
レモン ‥‥‥‥‥‥‥‥‥ ½個

### 作り方

1　ブリかま、鮭かまに、塩、黒こしょうを振る。

2　皮目を下にして焼き、焼き目がついたら裏側も同じように焼く。仕上げにレモンを搾る。

À LA CARTE BBQ RECIPE _ 23

### にんにくの香りが白身魚と絶妙にマッチする！
# バスク風グリルドフィッシュ

LEVEL ★★☆

**材料（4人分）**

| | |
|---|---|
| イサキ | 1尾 |
| 塩 | 少々 |
| オリーブ油 | 大さじ3 |
| にんにく | 3片 |
| 鷹の爪 | 2本 |
| レモン | ½個分 |
| イタリアンパセリ（フレッシュ） | 適量 |

**使用する道具**
▶ 耐熱容器（シェラカップなど）

**作り方**

1. イサキのウロコ、内臓を取り除き、よく洗う（あらかじめスーパーなどで下処理をしてもらうのもおすすめ）。

2. 1に塩を振り、焼いて器に盛る。

3. 耐熱容器に、オリーブ油、スライスしたにんにく、種を取った鷹の爪を入れて加熱する。

4. 2に3を熱々の状態で回しかける。くし形に切ったレモンを搾り、パセリを飾って完成。

À LA CARTE BBQ RECIPE _ 24,25,26

**コンビニ食材がおしゃれ料理に早変わり**

# コンビニエンス アヒージョ3種

## 共通材料（各2人分）

オリーブ油 ……具材が浸る分量
塩 ……… ひとつまみ
一味唐辛子 ……… 少々
パセリ ………… 少々
にんにく（チューブ）
 ………… 小さじ1
バゲット ……… 適量

## カニカマのアヒージョ（A）

### 材料
カニ風味かまぼこ … 1パック（100g）
ホタテ風味かまぼこ … 1パック（90g）

## スモークタンのアヒージョ（B）

### 材料
スモークタン ……… 1パック（70g）

## チーズちくわアヒージョ（C）

### 材料
チーズ入りちくわ … 1パック（100g）

## 作り方

1. ちくわを4等分の長さに切る（Cのみ）。
2. 3つのスキレットにそれぞれの具材を並べ、浸る程度にオリーブ油を入れる。
3. **2**ににんにく、一味、塩を入れて熱し、最後に刻んだパセリを振りかける。
4. 1cm幅に切ったバゲットを焼く。お好みでオリーブ油につけていただく。

À LA CARTE BBQ RECIPE _ 27

**貝とトマトの旨みにガーリックの風味が◎**

# アサリとトマトの
# ガーリック蒸し

LEVEL

### 材料（2人分）

| | |
|---|---|
| アサリ | 16個 |
| ミニトマト | 6個 |
| 白ワイン | 大さじ2 |
| 塩 | 少々 |
| 黒こしょう | 少々 |
| レモン | ¼個 |
| にんにく（チューブ） | 小さじ1 |
| 細ねぎ | 適量 |

### 作り方

1 アサリは砂抜きしておく。

2 アルミホイルにミニトマト、1を並べる。

3 白ワインににんにくを溶かし、2に回しかけ、塩、こしょうを振る。

4 アルミホイルで包み、約15分蒸し焼きにする。

5 仕上げにレモンを搾り、小口切りしたねぎを散らして完成。

À LA CARTE BBQ RECIPE _ 28

香ばしいエビとレモンがビールを呼ぶ
# シトラスシュリンプ串

### 材料（2人分）
エビ ················· 6尾
レモン ················ ½個
塩 ·················· 少々
オリーブ油 ········ 大さじ1

### 使用する道具
▶ 竹串

### 作り方

1. エビの殻をむき、切れ目を入れて背ワタをとる。
2. レモンは厚めのいちょう切りにする。エビとレモンを交互に串に刺す。
3. 1にオリーブ油をかけ、塩を振って焼く。

À LA CARTE BBQ RECIPE _ 29

**イカわたディップのコクと香りにそそられる**

# 生イカの炭火焼き
# イカわたバターディップ

LEVEL ★☆☆

### 材料（4人分）
イカ ………………… 1杯
レモン（お好みで）…… ¼個分
[ イカわたソース ]
　酒 ……………… 大さじ1
　バター ……………… 10g
　しょうが（チューブ）
　　……………… 小さじ1

### 使用する道具
▶ 耐熱容器（シェラカップなど）

### 作り方

1　イカのわたを取り出す。

2　イカを輪切り（げそは食べやすい長さ）に切って、焼く。

3　耐熱容器に**1**と**イカわたソース**の材料を入れて混ぜ合わせながら、加熱してソースを作る。

4　**2**を**3**につけていただく。お好みでレモンを搾る。

À LA CARTE BBQ RECIPE _ 30,31

お皿いらず！ 究極のズボラおつまみ
# ツナ缶の缶バーベ2種

## ピリ辛ツナ缶（A）

材料（2人分）

ツナ缶……………………1缶
コーン………………大さじ1
ピザ用チーズ………大さじ1
一味唐辛子………………少々

作り方

1. ツナ缶の油をきり、コーン、一味を入れて混ぜる。
2. 1にチーズをのせ、アルミホイルなどでカバーをして加熱する。

## ツナ缶カルボナーラ（B）

材料（2人分）

ツナ缶……………………1缶
卵黄……………………1個分
粉チーズ……………小さじ1
黒こしょう………………少々

作り方

1. ツナ缶の油をきり、卵黄をのせて粉チーズを振る。
2. アルミホイルなどでカバーをして加熱する。仕上げに黒こしょうを振る。

À LA CARTE BBQ RECIPE _ 32,33,34

かんたんオシャレなモテレシピ
# 前菜3種

LEVEL

## 生春巻き(A)

材料（4人分）
- ライスペーパー …………… 4枚
- レタス ………………… 4枚
- キャベツ ……………… 4枚
- パプリカ(黄) ………… ½個
- むきエビ(ボイル) …… 16尾
- 水菜 …………………… ½束
- パクチー ……………… 1束
- スイートチリソース …… 適量

作り方

1 ライスペーパーを水で戻す。

2 レタス、キャベツ、パプリカは千切りに、水菜とパクチーは4等分の長さにする。

3 ライスペーパーに具材をのせて巻いていく。エビが正面に見えるように巻くのがおすすめ。野菜はお好みで組み合わせて。

4 3をスイートチリソースにつけていただく。

## トルティーヤチップスの
## ワカモレディップ（B）

### 材料（4人分）

| | |
|---|---|
| トマト…………½個 | パプリカパウダー |
| 玉ねぎ…………¼個 | ……………少々 |
| アボカド………1個 | トルティーヤチップス |
| マヨネーズ…大さじ1 | ……………1袋 |
| レモン汁……小さじ1 | |

### 作り方

1. トマトと玉ねぎはみじん切りにする。
2. アボカドの種を取り皮をむいて潰す。
3. 1と2、マヨネーズ、レモン汁を混ぜ合わせる。
4. 3にパプリカパウダーを振りかけて出来上がり。トルティーヤチップスを添える。

## オレンジサラダ（C）

### 材料（4人分）

- オレンジ……………3個
- レモン………………½個
- 塩……………………少々
- オリーブ油………大さじ2
- パセリ………………少々

### 作り方

1. 3個のオレンジのうちの2個と½個の皮をむいて、ひと口サイズに切る。
2. 残った½個分のオレンジとレモンを搾り1に回しかけて塩を振る。
3. 皿に盛り、オリーブ油を回しかけ、刻んだパセリを振りかける。

À LA CARTE BBQ RECIPE _ 35

**トロトロチーズにディップして楽しむ**
# カマンベールのチーズフォンデュ

LEVEL ★★☆

### 材料（2人分）
- カマンベルチーズ（ホール） ………… 1個
- むきエビ ………… 6尾
- ソーセージ ………… 4本
- うずら（水煮） ………… 4個
- かぼちゃ ………… 1/8個
- グリーンアスパラガス …… 2本
- バゲット ………… 1/4本

### 作り方
1. かぼちゃとアスパラガスを食べやすい大きさに切る。
2. 1とむきエビ、ソーセージ、うずらをアルミホイルに包み、網の上で約15分蒸し焼きにする。バゲットは網の上で直接焼く。
3. カマンベールチーズの上部に十字の切れ目を入れてアルミホイルで包み、加熱する。
4. チーズが溶けた部分に、蒸し焼きした2の具材とバゲットをくぐらせていただく。

---

À LA CARTE BBQ RECIPE _ 36

**いつもの枝豆がイタリアンに変身！**
# 枝豆ペペロンチーノ

LEVEL ★☆☆

### 材料（2人分）
- 枝豆（コンビニの冷凍食品） ………… 1/2袋
- オリーブ油 ………… 大さじ2
- 一味唐辛子 ………… ひとつまみ
- にんにく（チューブ） … 小さじ1
- 塩 ………… ひとつまみ

### 作り方
1. アルミホイルに枝豆を広げ、オリーブ油、一味唐辛子、にんにく、塩を加えて包む。
2. 1を約15分蒸し焼きにする。

À LA CARTE BBQ RECIPE _ 37

**BBQ 02**

かぼちゃとチャウダーが
やさしく混ざりあう

# 丸ごとカボチャウダー

LEVEL ★★☆

## 材料（4人分）

かぼちゃ … 1個（直径20cm程度）
クラムチャウダー缶
　………………1缶（300g）
冷凍ブロッコリー ……… 100g
バゲット ……………… 適量

## 使用する道具

▶ スプーン

## 作り方

1　かぼちゃの上部2cmほどのところを真横にカットする。切り落とした部分は後でフタとして使う。

2　中の種や綿をくり抜く。側面に突き抜けてしまわないように注意する。

3　2のかぼちゃの中にクラムチャウダー缶を流し込み、冷凍のブロッコリーも入れる。

4　1の切り落とした上部で3にフタをしてアルミホイルで3重に包む。火床に置いてその周りに炭を並べ、約40分蒸し焼きにする。

5　焼いたバゲットをつけながらいただく。

### TAKEDA'S POINT

中をスプーンでくりぬいてそのまま器に。火の通ったかぼちゃをこそげ取るようにして一緒に食べるのが旨い！

À LA CARTE BBQ RECIPE _ 38,39,40

ほくほくこんがりアレンジが愉快！
# 3種のじゃがバター

### 基本材料（4人分）
じゃがいも……………3個
バター（チューブ）………60g

**明太じゃがバター（A）**
　明太子（チューブ可）…適量

**塩辛じゃがバター（B）**
　イカの塩辛…………適量
　万能ねぎ……………適量

**ガーリックじゃがバター（C）**
　にんにく（チューブ）…小さじ2
　パセリ………………適量

### 作り方

1　洗ったじゃがいもに切れ目を入れ、アルミホイルで包む。

2　火床に直接入れて、20〜30分蒸し焼きにする。

3　明太子とバターを混ぜる。アルミを開け、焼けたジャガイモを割って作った明太子バターをのせて食べる（A）。

4　アルミを開け、焼けたジャガイモを割ってバターとイカの塩辛、小口切りしたねぎをのせて食べる（B）。

5　にんにくとバターを混ぜる。アルミを開け、焼けたジャガイモを割って作ったガーリックバターとみじん切りしたパセリをのせて食べる（C）。

À LA CARTE BBQ RECIPE _ 41

一口サイズで見た目もGOOD
# しいたけピザ

### 材料（2人分）
しいたけ……………………4個
トマトソース缶………大さじ4
ピザ用チーズ…………大さじ2
パセリ……………………少々
塩…………………………少々

### 使用する道具
▶ アルミトレイ

### 作り方

1　しいたけの軸を取る。

2　1のかさの裏側の部分にトマト缶を流し入れ、塩を振る。

3　チーズをのせ、アルミトレイをかぶせて焼く。（➡P.21）

4　3のチーズが溶けたら、みじん切りしたパセリを振る。

À LA CARTE BBQ RECIPE _ 42

### 野菜本来の旨みを感じる
# 丸ごと野菜ホイル焼き

材料（2人分）
にんにく……………… 1個
玉ねぎ………………… 1個
長芋…………………… ½本
岩塩…………………… 少々

作り方

1　にんにく、玉ねぎ、長芋それぞれを、丸ごとアルミホイルで包む。

2　1を火床に置き、その周りに炭を並べて約30分蒸し焼きにする。

3　焼き上がったら、岩塩をつけていただく。

À LA CARTE BBQ RECIPE _ 43

ベーコンの塩気が甘みを引き出す
## キャベツとベーコンのブレゼ

**材料（2人分）**
キャベツ ………………… ¼玉
ベーコン ………………… 80g
塩 ………………………… 少々
オリーブ油 ………… 大さじ2

**作り方**

1. キャベツを2等分し、アルミホイルにのせて細切りにしたベーコンを散らす。
2. 1にオリーブ油をかけて、塩を振る。アルミホイルで包んで約15分蒸し焼きにする。

À LA CARTE BBQ RECIPE _ 44

### スペインの冬の名物
# 長ねぎのカルソターダ

LEVEL ★★☆

## 材料（4人分）
長ねぎ（岩津ねぎ、深谷ねぎなど）
……………………………… 4本

[ ロメスコソース ]

トマトソース缶……… 1/4缶
アーモンド（細かく砕いたもの）
………………………… 50g
にんにく（チューブ）
………………………… 大さじ1
パプリカパウダー … 小さじ1
塩 …………………………… 少々
こしょう ………………… 少々
オリーブ油 ……… 大さじ1
レモン汁 ………… 小さじ1
ペッパーソース ……… 少々

## 使用する道具
▶ ファスナーつき保存袋

## 作り方

1. ロメスコソースの材料を混ぜ合わせてソースを作る。
2. 長ねぎは網の上で丸ごと黒く焦げるまで焼いて、一枚目の皮をはがす。
3. 2を1にディップしていただく。

# RICE & NOODLES BBQ RECIPE

〆BBQレシピ

いつもの材料に一工夫するだけで、全く新しいレシピに大変身！ 他にもコンビニで買える材料で作ったレシピなど一風変わったものも紹介します。いつもの〆から抜け出して新しい〆のレシピを作りましょう。

RICE & NOODLES BBQ RECIPE _ 1

ダブルのアサリ使いで旨みたっぷり
# ボンゴレ焼きそば

LEVEL ★☆☆

## 材料（4人分）

焼きそばの麺……………2玉
アサリ（殻つき）………150g
アサリの水煮缶…………1缶
にんにく…………………1片
鷹の爪……………………1本
細ねぎ……………………適量
オリーブ油………………大さじ2
しょうゆ…………………小さじ2
塩……………………ひとつまみ

## 作り方

1 アサリは砂抜きしておく。

2 にんにくは皮をむいて薄切りにし、鷹の爪は種を取り出す。

3 鉄板にオリーブ油を引いて熱し、2を入れて香りが出たら、1のアサリを入れて炒める。そこに手でほぐした麺を加えて炒める。

4 3に水煮缶を汁ごと入れて、塩、しょうゆを加えてさらに炒める。

5 仕上げに小口切りしたねぎを散らす。

RICE & NOODLES BBQ RECIPE _ 2

カリカリに焼いてイタリアンピザ風に！
# 焼きそばマルゲリータ

## 材料（4人分）
- 焼きそばの麺……………2玉
- ピーマン…………………1個
- ミニトマト………………6個
- ソーセージ………………4本
- ピザ用チーズ………大さじ3
- オリーブ油…………大さじ1
- ピザ用ソース………大さじ2

## 使用する道具
▶ アルミトレイ

## 作り方

**1** ピーマンはへたと種を取り輪切りにする。ミニトマトは4等分に、ソーセージは5mm幅の輪切りにする。

**2** オリーブ油をまぶしてほぐした焼きそばの麺を円形にして、スキレットでこんがりと焼く。焼き目がついたら崩れないようにひっくり返す。

**3** 2にピザ用ソース、ピザ用チーズ、1をのせて焼く。さらにアルミトレイでフタをしてチーズを溶かす。

RICE & NOODLES BBQ RECIPE _ 3,4

**コンビニおにぎりを簡単アレンジ！**
# 焼きおにぎり2種

使用する道具
▶ ハケ

## お好み焼きおにぎり（A）

材料（2人分）
コンビニの塩むすび……2個
お好み焼きソース………適量
マヨネーズ………………適量
青のり……………………適量
削り節……………………適量

作り方

1  塩むすびにお好み焼きソースを数回塗って両面を焼く。

2  こんがりと焼けてきたら、そこへマヨネーズをかけ、青のり、削り節を振る。

## 肉巻き焼きおにぎり（B）

材料（2人分）
コンビニの塩むすび……2個
豚バラ薄切り肉
（長さ10cm程度）…8枚
白ごま……………適量

［タレ］
しょうゆ…大さじ2
みりん……大さじ2
砂糖………大さじ1

作り方

1  タレの材料を混ぜ合わせる。

2  塩むすびに豚肉を巻きつける。

3  2を網の上で焼き、1を数回塗りながら両面を焼く。

4  3に白ごまを振って完成。

---

RICE & NOODLES BBQ RECIPE _ 5

**クミンの香りで一気にスパイシーに！**
# 冷や飯ジャンバラヤ

材料（4人分）
冷やご飯…………茶碗2杯分
チョリソーソーセージ……4本
玉ねぎ………………………¼個
パプリカ（赤）………………¼個
ピーマン……………………1個
コーン（缶）……………大さじ2
トマトケチャップ……大さじ4
クミンパウダー………………少々
一味唐辛子……………小さじ1
オリーブ油……………大さじ1
パセリ…………………………少々

作り方

1  チョリソーソーセージは輪切りに、玉ねぎは皮をむき、パプリカとピーマンはへたと種を取り、それぞれみじん切りにする。コーンは水気をきる。

2  鉄板にオリーブ油を熱して冷やご飯を炒め、1を加えて炒める。

3  2にケチャップ、クミンパウダー、一味唐辛子を加え味をつけ、さらに炒める。最後に刻んだパセリを散らして完成。

RICE & NOODLES BBQ RECIPE _ 6

**コンビニ食材だけで作れる本格パエリア**

# コンビニアーノパエリア

## 材料（4人分）

- 米……………………2合
- 水……………………250mℓ
- コンソメの素（顆粒）…小さじ3
- ウコン配合の飲み物……………1本（100mℓ）
- ベジタブルミックス……100g
- サラダチキン……………1個
- にんにく（チューブ）……………小さじ1
- オリーブ油…………大さじ4
- 粗びき黒こしょう………少々

## 作り方

1. パエリア鍋（またはフライパンかスキレット）にオリーブ油半量（大さじ2）を熱し、にんにくを炒めて香りを出す。

2. 1に米を入れて炒め、残りのオリーブ油、コンソメを入れて混ぜる。

3. 2に水とウコン入り飲料を注ぎ入れ、ベジタブルミックス、食べやすい大きさに裂いたサラダチキンを並べる。水が足りないようなら加えつつ（分量外）約20分加熱する。

4. 最後に黒こしょうを振って完成。

### TAKEDA'S POINT

ウコン入り飲料を入れることによって鮮やかなイエローに。不思議なトロピカルな味と香りがパエリアに加わる。

RICE & NOODLES BBQ RECIPE _ 7

子どもと一緒に巻き巻き作業を楽しもう！
# カレー風味の巻き巻きドッグ

## 材料（2人分）
フランクフルトソーセージ
　　　……………………2本
ホットケーキミックス … 150g
カレー粉………… 小さじ2
牛乳………………… 80ml
トマトケチャップ……… 適量
マスタード…………… 適量

## 使用する道具
▶長めの竹串または割り箸

## 作り方

1　ボウルにホットケーキミックスとカレー粉を入れ、牛乳を少しずつ加えながらよく混ぜ合わせてこね、耳たぶくらいの固さの生地を作る。

2　1のタネを2等分し、まな板の上などで手のひらを使い細長くのばす。

3　フランクフルトソーセージは串に刺して、焦げ目がつく程度に焼いておく。

4　3に2をくるくると巻く。

5　4を炭の上で回しながら焼き、生地がふっくらとしたら焼き上がり。ケチャップ、マスタードを添え、お好みでつけていただく。

# SWEETS & DRINKS BBQ RECIPE

スイーツ&ドリンクBBQレシピ

本格的なスイーツをBBQなのに味わうことができるのは、子供や女性だけではなく男性も意外に嬉しいものです。またいつものドリンクも一工夫加えるだけでさらに場が盛り上がること間違いなしです。

SWEETS & DRINKS BBQ RECIPE _ 1

**新食感の冷たいマシュマロスイーツ**

# 冷んやりマシュマロムース

LEVEL ★★☆

材料（2人分）

マシュマロ …………… 100g
牛乳 ………………… 200㎖
氷 …………………… 適量

使用する道具

▶ クーラーボックス
▶ 耐熱容器（シェラカップなど）

作り方

1　耐熱容器に牛乳を入れ、沸騰するくらい加熱する。そこにマシュマロを入れて溶かす。

2　1を冷ましたら、クーラーボックスに入れて固まるまで冷やす。